CONGRÈS NATIONAL DE PATRONAGE DES LIBÉRÉS

DE PARIS (24-27 mai 1893)

LE PATRONAGE

DANS

LES ARRONDISSEMENTS FRONTIÈRES

MÉMOIRE

Présenté par M. Eugène REY-MURY,

Avocat,

Juge suppléant près le tribunal de 1ʳᵉ instance de Saint-Julien (Haute-Savoie).

MELUN

IMPRIMERIE ADMINISTRATIVE

1893

CONGRÈS NATIONAL DE PATRONAGE DES LIBÉRÉS

DE PARIS (24-27 maï 1893)

LE PATRONAGE

DANS

LES ARRONDISSEMENTS FRONTIÈRES

MÉMOIRE

Présenté par **M. Eugène REY-MURY,**

Avocat,

Juge suppléant près le tribunal de 1re instance de Saint-Julien (Haute-Savoie).

MELUN

IMPRIMERIE ADMINISTRATIVE

1893

LE PATRONAGE

DANS LES ARRONDISSEMENTS FRONTIÈRES

Avant de réunir son Congrès de patronage, la Société générale des prisons, s'inspirant d'un usage anglais, ancien et constant, a adopté le système de l'enquête préalable en envoyant dans chaque arrondissement un questionnaire détaillé aux personnes qui, par leurs fonctions ou leurs connaissances spéciales, peuvent apporter des bases sérieuses aux discussions du Congrès.

Laissant à plus compétent que nous le soin de répondre à toutes les questions posées, nous nous bornerons à étudier spécialement quelques-uns de ces problèmes dont la solution présente un intérêt majeur.

Détenus libérés étrangers sortant des prisons de France.

Les sociétés de patronage des détenus libérés ont un but des plus humanitaires. Non seulement elles poursuivent le relèvement des individus condamnés pour des crimes ou des délits, mais elles cherchent aussi les moyens de soustraire à l'influence des mauvais milieux les malheureux coupables de simples contraventions, en empêchant qu'ils ne soient confondus avec de véritables criminels et ne subissent la contagion du vice. Il semble que d'aussi louables efforts devraient être encouragés par les Gouvernements et les autorités de tous les pays civilisés. Malheureusement il n'en est rien, et, en France, tout spécialement, la routine administrative entrave comme à plaisir cette œuvre de relèvement, du moins en ce qui concerne les étrangers condamnés en France pour des délits sans importance, tels que mendicité et vagabondage.

La loi du 3 décembre 1849, qui remonte à une époque de troubles révolutionnaires européens, accorde au ministre de l'intérieur le droit d'expulser, par mesure de police, tout étranger voyageant ou résidant en France.

Or, ce droit facultatif, l'administration l'applique à tout étranger qui a subi une condamnation quelconque. Jusque-là, rien à dire, car c'est le résultat de la souveraineté territoriale. Mais de ce régime de libre appréciation découle une manière de faire arbitraire et souvent injuste.

Pour permettre aux préfectures de faire leur enquête (qui n'a lieu que lorsqu'un sursis à l'expulsion est sollicité), et pour attendre le passage de la voiture cellulaire, une détention purement administrative, qui varie de huit jours à deux mois et plus, sans compter la prison préventive, est toujours imposée au détenu étranger qui a subi complètement sa peine.

Nous estimons que ce procédé est contraire au droit des gens; quand un étranger, qui aujourd'hui ne doit plus être considéré comme un ennemi, a payé sa dette à la société de France, l'autorité compétente, si elle le juge à propos, doit l'expulser dans les 24 heures, ou le mettre en liberté immédiate; sinon, nous tombons dans un double abus qui ne saurait être justifié par des motifs de sûreté générale:

1° Contagion du vice;
2° Détention arbitraire et illégale.

Cette manière de faire abusive a été signalée officiellement, en 1890, par M. John Cuénoud de Genève, ancien directeur de la police centrale, secrétaire du comité de patronage genevois, au congrès de Saint-Pétersbourg pour la réforme pénitentiaire. En 1891, M. L. Ruchonnet, conseiller fédéral suisse, chargé du département de justice et police, intervint, par l'intermédiaire de M. Lardy, ministre suisse à Paris, auprès de M. Constans, ministre de l'intérieur. Des réunions intercantonales suisses eurent lieu, et auxquelles prit part M. Léonce Larnac, secrétaire général de la Société centrale de patronage, à Paris, qui accepta, à son tour, d'intervenir auprès du Gouvernement français pour que les expulsés soient rapatriés avec plus de célérité. La réponse du ministère de l'intérieur fut la suivante (lettre de M. Ruchonnet à M. Cuénoud, en date, à Berne, du 22 octobre 1891). « Il est matériellement impossible que le service des transfèrements prenne les expulsés le jour même de leur libération et les conduise sans retard à la frontière. Chaque voiture cellulaire a son itinéraire fixé d'avance et son parcours réglé de telle façon qu'elle puissse transférer un grand nombre d'individus dans des conditions de célérité et d'économie convenables. Comme d'ailleurs on ne saurait mettre en route une voiture pour le transport d'un seul condamné, on est bien obligé de la diriger successivement sur les

différentes localités où les besoins du service la réclament. De là
des délais inévitables que l'administration pénitentiaire s'efforce
d'atténuer autant que possible. D'autre part, tout étranger ne peut
être expulsé qu'après enquête et avis motivé des autorités com-
pétentes. Ces formalités exigent toujours un certain temps et né-
cessitent le maintien de l'expulsé en détention administrative. »

A cette défense du système actuel il est facile de répondre :

1° Nous estimons que la voiture cellulaire n'est pas indispen-
sable. Beaucoup de précautions sont prises pour conduire sur le
territoire étranger un expulsé de France ; les employés du service
pénitentiaire ne s'en dessaisissent que contre récépissé délivré
par les autorités étrangères ; une fois dans son pays, il est laissé
en état de liberté, à moins qu'il ne soit recherché pour une infraction quelconque à la loi pénale ; aussi lui est-il loisible d'être de
retour sur le territoire français en même temps que ses conduc-
teurs. L'expulsion, en pratique, est un rêve ; on oublie trop facilement que les douanes seules font qu'on s'aperçoit des frontières.
Pourquoi conduire menottes aux mains un étranger dans son
pays, alors qu'immédiatement après il peut rentrer libre sur
France ? La voiture cellulaire est donc inutile.

2° Elle est, en outre, fort coûteuse ; il serait puéril d'insister
sur ce point.

3° Les déplacements peu fréquents de la voiture cellulaire sont
la cause d'une détention administrative arbitraire, vexatoire et
dispendieuse ; et,

4° Le retard occasionné par une enquête ne saurait être pris en
considération, puisqu'en matière d'expulsion, 99 fois sur 100 aucune enquête n'est faite.

Il nous semble qu'un accord entre le Gouvernement et les com-
pagnies de chemins de fer simplifierait de beaucoup la question,
pour les grands parcours qui pourraient s'effectuer à quart de
place et en 3ᵉ classe, voire même dans des wagons spéciaux
comme les soldats en cas de mobilisation. On éviterait ainsi les
frais de nourriture du détenu (1 fr. 25 par jour), une détention
abusive, et enfin les frais de transport actuels qui sont assez con-
sidérables, surtout par le fait de la durée du trajet. — Pour les
petits parcours, tout serait bénéfice pour le Gouvernement, car la
gendarmerie pourrait être chargée de l'escorte, sans aucune ré-
munération, et l'expulsé serait libéré plus rapidement.

Nous savons que, sur ce dernier point, une objection peut nous
être faite. Jusqu'en 1888, dira-t-on, les expulsés suisses, déte-

nus à la maison d'arrêt de Saint-Julien, Haute-Savoie, étaient conduits directement à Perly (1er poste de gendarmerie suisse) et de suite après l'expiration de leur peine, par les soins de la gendarmerie. Les autorités genevoises voyant, dans ce système, un empiètement sur le droit de souveraineté, réclamèrent et s'opposèrent vivement à l'introduction sur leur territoire des tricornes français. Satisfaction leur fut donnée, et défense fut faite à nos gendarmes, par l'autorité française, de conduire sur Suisse un expulsé ou un extradé quelconque. Mais ce système était si bien adopté que jusqu'à ces derniers temps, les anciens employés de l'intérieur oubliaient, venant de la maison centrale d'Albertville, et convaincus que la gendarmerie faisait leur service, de prendre à la maison d'arrêt de Saint-Julien les détenus à destination de Suisse ; aussi, étaient-ils obligés de faire un second voyage de Saint-Julien à Perly.

Mais cette manière de voir toute genevoise, mesquine et par trop chauvine, ne saurait porter atteinte à la règle générale ; un accord sur ce point, entre le Gouvernement français et la République Helvétique mettrait fin rapidement à ces récriminations isolées. L'ancien système pourrait être repris sans inconvénients, comme il se continue d'ailleurs entre l'arrondissement de Gex (Ain) et le canton de Vaud (Suisse). Enfin, voudrait-on éviter toute critique, qu'un commissaire de police, ou qu'un gendarme en civil, fasse le service d'escorte de la frontière française sur le territoire suisse. L'extradition suppose la remise de l'extradé entre les mains d'un agent étranger, tandis que l'expulsion ne la suppose pas ; on doit laisser l'étranger partir librement dans la direction qu'il désire, du côté de son pays. C'est ce qui se passe à Genève à l'égard des expulsés français. Il arrive assez souvent de voir des convois d'expulsés aller prendre le chemin de fer sans même être accompagnés par un agent de police quelconque.

En matière d'expulsion, le patronage peut jouer un grand rôle ; les sociétés de France, par des conventions avec les sociétés étrangères, peuvent faire prendre l'expulsé à son arrivée dans son pays, par des personnes chargées de lui procurer un gîte et du pain par le travail, empêchant ainsi son retour sur le territoire d'expulsion.

Papiers de légitimation du libéré.

Généralement, quand un individu est arrêté en flagrant délit, pour vagabondage, mendicité, grivèlerie, infraction à arrêté d'expulsion, infraction à interdiction de séjour, et autres délits de minime importance, les papiers trouvés sur lui par la gendarmerie sont déposés au parquet ; le délinquant passe en jugement et est condamné ; une fois sa peine subie, s'il est étranger, on l'expulse.

Au moment de son expulsion, que se passe-t-il ? Le parquet, après le jugement et une fois les délais d'appel expirés, cesse de s'inquiéter du condamné qui tombe sous la juridiction de l'autorité administrative ; quand les formalités d'expulsion sont accomplies, celle-ci le fait conduire sur le territoire étranger, et cesse à son tour de s'occuper de lui. Que sont devenus ses papiers ? Comment les obtiendra-t-il ?

Son passeport, ses pièces de légitimation, son carnet d'ouvrier, ses certificats, tout est resté dans le dossier correctionnel au greffe du tribunal de l'arrondissement de condamnation. Le libéré, livré à lui-même, ne pouvant revenir en France puisqu'il en est expulsé, ne sachant à qui s'adresser pour obtenir restitution de ses papiers, ne peut, non seulement établir sa filiation, son âge, son nom, mais pas même sa nationalité. Dans cette situation pénible (qui est une des causes de l'heimaltlosat, fait de n'appartenir à aucune patrie, contre lequel toutes les puissances européennes luttent), l'expulsé, dépouillé par oubli d'un bien, cependant incessible et insaisissable, va se voir repousser de partout. Bien des individus de sa catégorie en profitent pour cacher leurs antécédents judiciaires, pour prendre un faux nom et se soustraire au service militaire, à la loi sur la récidive, etc.... ; d'autres en souffrent. Il y a donc un intérêt majeur à remédier à cet état de choses qui peut devenir un danger et qui présente de graves inconvénients pour celui qui a payé sa dette à la société.

Il nous semblerait bien plus pratique qu'aucun document appartenant au prévenu, établissant son identité et ne devant pas servir de pièce à conviction, ne soit déposé, lors de l'arrestation, ailleurs qu'au greffe de la maison de détention où, à l'expiration de sa peine, le libéré pourrait facilement le reprendre. C'est ce que doit vérifier toute société de patronage et c'est un des vœux que devrait transmettre le Congrès au garde des sceaux qui, par une simple circulaire, pourrait faire disparaître cet abus.

Dans la *Tribune de Genève* du 31 décembre 1892, reproduisant un article du *Journal de Genève*, on trouve sous la rubrique « Expulsions » l'entrefilet suivant :

« La police française a pris la fâcheuse habitude d'expédier sur notre territoire tous les individus arrêtés en France et qui déclarent être de nationalité suisse. Or, il arrive souvent que les Allemands se déclarent originaires de la Suisse orientale, et des Italiens, du Tessin ; alors, la police française, sans vérifier les affirmations de ces individus, les expédie à la frontière genevoise, où ils se forment parfois en associations de malfaiteurs et exercent leur criminelle industrie. Notre police fera bien, à son tour, de prendre des mesures énergiques pour faire cesser cet état de choses et pour refouler sur territoire français tous les prétendus suisses qu'on nous expédie. »

La question est clairement posée. Le département de justice et police du canton de Genève, bien avant la publication de l'article sus-relaté, mettait en pratique ce système de sélection ; la police française d'Annemasse, Haute-Savoie, sait à quoi s'en tenir sur le nombre des individus ainsi refoulés sur France, par la voie de Mollesulaz, dépotoir frontière du canton de Genève.

En France, on agit de la même façon ; une circulaire du ministère de l'intérieur, en date du 29 juin 1889, dit, en effet : « En ce qui concerne les nomades, généralement étrangers, dont un défaut de vigilance à la frontière aurait permis l'entrée en France et que l'exercice d'une profession ne permet pas de ranger dans la catégorie des vagabonds (1), il conviendra de généraliser une mesure déjà prescrite dans quelques départements et qui consiste à les refouler purement et simplement jusqu'à la frontière du département. Le préfet du département voisin, immédiatement avisé de cette disposition, procédant à leur égard de la même manière, les bandes nomades seront successivement ramenées sur la limite de notre territoire. »

Que deviennent ces individus, ainsi pourchassés ? On les expulse de France, on les repousse de Suisse, et la plupart du temps, ils ne peuvent ou ils ne veulent faire connaître leur vraie nationalité, leur véritable lieu d'origine. Chevaliers errants, ils sont contraints, par des besoins divers, d'exercer à notre détriment une industrie qui tombe sous l'application du Code pénal. Tôt ou tard, ils deviennent une plaie sociale, bien plus, un danger public. Aussi est-ce envers cette catégorie de déclassés qu'une société de patronage peut arriver à lutter victorieusement.

---

(1) En fait, il est impossible très souvent aux parquets de déférer à la juridiction correctionnelle un nombre assez considérable de vagabonds qui, afin de ne pouvoir être poursuivis comme tels, s'intitulent colporteurs et feignent généralement de vendre du papier à lettre dont ils ont toujours un certain stock. (Note de l'auteur.)

A Genève, en 1891, sur une population cantonale de 106.000 habitants, il y a eu 1.500 entrées à la prison de Saint-Antoine, parmi lesquelles 700 ressortissants français, secourus et aidés par la société genevoise de patronage, à leur sortie de prison. Par contre, au point de vue de Genève, une moyenne de 170 libérés genevois sont expulsés de France. Les condamnés français à Genève sont donc une charge assez lourde pour la société genevoise de patronage. A notre avis, une certaine réciprocité devrait exister, en France, en faveur des libérés suisses ; n'oublions pas que, dans toute l'étendue du territoire français, il n'y a environ que 70.000 Suisses, tandis qu'à Genève seulement l'on compte près de 35.000 français.

Quels sont les moyens d'action d'une société de patronage envers cette catégorie de délinquants ?

1° En permettant à ces sans-patrie de séjourner quelque temps dans un milieu où du travail et du pain leur soient assurés et où, surtout, ils soient à l'abri des tracasseries de la police ; la société de patronage peut faire prendre sur leur identité des renseignements précis, mission dont ne saurait se charger un parquet après condamnation. Arrive-t-elle à un bon résultat, l'on sait immédiatement où les diriger. Échoue-t-elle dans ses recherches, nous arrivons à un second moyen :

2° L'expatriation ; elle peut être de deux sortes :

a) volontaire : la plupart des libérés, n'ayant en France aucune attache, aucun lien de famille, accepterait sans hésiter ce genre d'émigration, qui leur accorderait une certaine indépendance et qui leur permettrait de vivre en dehors d'un milieu où leur présence peut devenir dangereuse et intolérable.

A la fin du XVIII⁰ siècle, le capitaine anglais Philips fonda Botany-bay, en Australie, à l'aide de 800 convicts ; nous savons aujourd'hui ce que vaut cette colonie anglaise, une des plus florissantes de la métropole. Pourquoi, en France, n'imiterions-nous pas cet exemple frappant ? Au Sénégal, au Dahomey, en Algérie, au Tonkin, les terrains ne manquent pas ; avec un peu de liberté, sous une active surveillance, pas un libéré ne refuserait une concession ; nous aurions ainsi des colonies agricoles qui pourraient facilement devenir aussi prospères que celles qui existent depuis de longues années en Angleterre et dans diverses possessions anglaises ; nous ferions disparaître de notre pays une plaie sociale qui tend de jour en jour à s'aggraver et nous aurions la satisfaction de permettre à des parias de devenir utiles à la société.

L'enrôlement dans la légion étrangère serait également possible pour les hommes valides.

b) forcée ; elle serait prononcée administrativement ou par le dernier jugement de condamnation.

Vagabonds et mendiants.

On compte généralement en France près de 400.000 individus n'ayant pas de domicile fixe et voyageant sans cesse d'un département à l'autre, voire même à l'étranger, notamment en Belgique, en Suisse, en Italie, en Espagne et en Portugal.

Ces individus sont ce que l'on appelle des « trimardeurs ». Ils appartiennent, en général, à toutes les professions, avec une moyenne de 18 à 20 p. 100 n'ayant pas atteint l'âge de vingt ans. Ils sont tous, ou à peu près tous, célibataires.

Le trimardeur est généralement un paresseux, redoutant le travail et ne demandant qu'une chose, c'est de n'en jamais trouver.

Il ne faut pas croire cependant qu'il ne tente pas de s'embaucher ; au contraire, mais il a toujours le soin de s'adresser là où il est à peu près certain d'essuyer un refus, c'est-à-dire dans les petites villes et dans les petits ateliers où le nombre d'ouvriers est relativement restreint. Il insiste, parle de sa situation misérable et supplie le patron de l'occuper quelques jours seulement pour lui permettre de gagner un peu d'argent ; il ira ensuite plus loin.

Il sait si bien s'y prendre pour apitoyer le patron sur son sort que celui-ci, souvent un ancien ouvrier lui-même, lui donne généralement 0 fr. 50 ou 1 franc pour s'en débarrasser. Cette scène, renouvelée chez plusieurs patrons de la localité, car le trimardeur a plusieurs métiers, lui permet de récolter 4 ou 5 francs, après quoi il s'éloigne pour recommencer peu après.

Le trimardeur est surtout une véritable plaie pour les campagnes, où il arrive toujours à la nuit tombante dans le but de se faire héberger et loger gratuitement. C'est à peu près toujours la même antienne : « Il vient de faire une longue étape et se rend à 30 ou 40 kilomètres plus loin où il a du travail assuré ; sa bourse est peu garnie, par suite d'un long chômage ou d'une maladie, mais il offre de payer ; il a d'ailleurs besoin de peu : de la soupe, un morceau de pain et une place dans la grange lui suffisent. » Neuf fois sur dix il mange et couche sans bourse délier.

Le lendemain matin, il se présente à la mairie et sollicite un secours de route qu'il obtient en gémissant un peu sur la dureté des temps. Et ainsi de suite pendant toute l'année.

Parfois, cependant, le trimardeur se voit obligé d'interrompre son voyage. Arrêté pour vagabondage ou mendicité, il est condamné à 8 ou 15 jours d'emprisonnement, quelquefois même à plusieurs mois, suivant ses antécédents. Mais ce n'est là qu'un accident, sans importance pour lui, car sitôt libéré, il reprend sa route jusqu'à ce qu'une nouvelle arrestation ne vienne interrompre encore pour quelque temps ses pérégrinations aventureuses.

Cette existence, bien qu'elle soit souvent faite de privations de toutes sortes, est la seule qui plaise au trimardeur, et si on lui offrait une place fixe, il la refuserait sans la moindre hésitation, car pour lui le trimard c'est la liberté, et le travail c'est la servitude.

L'hiver n'arrête même pas le trimardeur : si la saison est trop rigoureuse, il trouvera bien le moyen d'en passer une partie à l'abri, c'est-à-dire en prison, en se faisant arrêter pour vagabondage, mendicité ou filouterie d'aliments. Ce dernier délit est très souvent mis en pratique, ainsi que le bris des becs de gaz.

Quatre-vingt dix p. 100 des trimardeurs sont des repris de justice, aux casiers judiciaires souvent chargés. Certains finissent par échouer dans une grande ville où ils renforcent le contingent local des voleurs de profession.

Lorsqu'il a ainsi parcouru toute la France dans le cours d'une année, le trimardeur, du moins pour un certain nombre, se rend à l'étranger. La Suisse, l'Italie et la Belgique sont les pays préférés ; mais il arrive 8 fois sur 10 qu'il est arrêté en route, condamné pour vagabondage ou mendicité, expulsé du pays et conduit à la frontière du sien.

En Suisse, on poursuit avec la plus grande rigueur cette catégorie d'individus ; les cantons frontières surtout se montrent sévères à leur égard. Le canton de Genève notamment n'expulse pas moins de 700 à 800 de ces individus par an. C'est en cette circonstance que le comité genevois de patronage rend les plus grands services à nos compatriotes libérés (1), en sollicitant des autorités judiciaires et de police, et en obtenant presque toujours

---

(1) Parmi les bienfaiteurs des Français à Genève, il est bon de signaler : les sociétés françaises philanthropiques et de secours mutuels, avec MM. V. Hilaire et Dufour, comme présidents, ainsi que MM. Victor Lombard et John Cuénoud, membre de la société de patronage du canton de Genève ; et Jornot, directeur de la police centrale ; nous devons à ces derniers de sincères remerciements pour tous les renseignements qu'ils ont bien voulu nous fournir au point de vue du patronage.

pour eux des délais de grâce de plusieurs jours avant le moment où ils quittent le sol genevois, et en leur donnant, avec de paternels conseils, des vêtements et des secours de route.

En résumé, le trimardeur est une véritable plaie que la loi sur le vagabondage et la mendicité est impuissante à guérir. Il est aussi un véritable danger pour la société, car, au jour d'une révolution, cette horde de gens sans aveu, n'ayant rien à perdre et tout à gagner, se jetterait dans la mêlée pour prendre part à la curée.

La loi punit le vagabondage et la mendicité, mais elle ne les réprime pas. C'est donc à ce but que devraient tendre les efforts d'une société de patronage.

L'idéal du trimardeur étant de vivre en travaillant le moins possible, il faut, non le condamner, ce qui ne l'effraie pas, ni le nourrir sans rien faire, ce qui est encore la réalisation de ses désirs, mais l'obliger à travailler pour vivre. Puisque la prison n'a aucune action sur lui, il faut la remplacer par le travail obligatoire. C'est peut-être une difficulté, mais elle n'est pas insurmontable ; elle peut se résoudre par la création d'ateliers nationaux, de chantiers ou de colonies agricoles où serait envoyé, administrativement ou judiciairement, tout individu arrêté en état de vagabondage ou de mendicité. Son transfert du lieu d'arrestation au lieu du plus prochain centre de travail, se ferait à ses frais ; la dépense, avancée par l'État, serait remboursée par l'individu sur son salaire. Il paierait, en outre, un prix fixe par jour, pour sa nourriture et son logement, et ne sortirait qu'alors qu'il aurait à sa masse une somme à déterminer, cent francs par exemple, ce qui lui permettrait de se fixer quelque part. — En cas de récidive, il serait placé à nouveau dans un atelier et pourrait être condamné à une amende payable également sur son salaire.

Il faut, en tous cas, remédier au vagabondage et à la mendicité par d'autres mesures que celles qui régissent aujourd'hui ces deux plaies principales de la société.

En Angleterre, le système de l'assistance par le travail est à trois degrés :

1° *Colonie urbaine.* Elle consiste à prendre l'homme sans pain et sans travail et à lui fournir de la nourriture et un abri. Les expériences faites ont prouvé que l'on peut fournir à un homme un souper et un déjeuner substantiels, plus un lit, pour 0 fr. 42 par tête. Si l'assisté est sans aucune ressource, il est néanmoins reçu dans l'asile, mais avant de repartir il devra faire le travail nécessaire pour couvrir ses frais de pension et de logement.

Ce travail est trouvé en adjoignant des chantiers ou des ateliers aux fourneaux-asiles. Là, il est employé à des travaux élémentaires, tels que fendre du bois, tresser des paillassons, coudre des sacs, etc. — Jusqu'à ce qu'il ait trouvé une occupation ailleurs, il est libre de rester dans l'asile en travaillant pour ses rations et son lit.

2° *Colonie agricole*. Ce second degré consiste à placer les hommes sans travail sur les terres non travaillées. Ces terrains sont une espèce d'école où l'on forme des émigrants ou des ouvriers de campagne. Ils constituent en même temps un vaste jardin maraîcher qui fournit les légumes pour nourrir les pensionnaires de la colonie urbaine.

Enfin, *Colonie d'outre-mer*. Nous sommes à la troisième et dernière étape du système : l'établissement d'une colonie dans les colonies elles-mêmes. Les frais de transport et le capital destiné à procurer aux assistés maisons, mobilier, terres et nourriture durant les premiers mois, sont remboursés sous forme de taxe ou d'impôt foncier annuel.

Les premiers fonds sont fournis par la société de patronage elle-même, dont l'actif roule sur plusieurs millions. Ses ressources proviennent de collectes, dons et cotisations. L'ingérence de l'État est nulle (1).

A Genève, l'assistance par le travail existe également (2). Elle a deux branches d'activité :

1° Le chantier du Pré-Lévêque, pour ouvriers sans travail ou libérés sans instruction ;

2° L'Adresse-office, pour commis, employés ou fonctionnaires sans emploi, ou libérés sachant lire et écrire.

La société émet des bons de travail d'une valeur de 0 fr. 25 l'heure, qui sont utilisables indistinctement à ces deux institutions. Au chantier, le patronné scie du bois ; à l'Adresse-office, il est occupé à l'expédition des circulaires commerciales ou autres, rapports, journaux, ou pour copies et traductions.

Les bons sont délivrés gratuitement par les membres de la so-

---

(1) Tous nos remerciements à M. Cosandy, membre du comité anglais de patronage, pour les détails qu'il a bien voulu nous fournir.
(2) *Bulletin*, 1887, p. 24 ; 1891, p. 286 et 460 ; 1892, p. 367.

ciété ou toute autre personne qui peut s'en procurer par carnets, au prix de 10 francs les 40 ou 5 francs les 20.

Nous ne voyons pas pourquoi, en France, des essais de ce genre ne seraient pas tentés.

Mais, dira-t-on, le travail, dans ce genre d'asiles et de chantiers, sera préjudiciable à l'industrie libre ? Nous prierons nos contra-dicteurs de vouloir bien se reporter aux rapports présentés en 1890 au congrès pénitentiaire de Saint-Pétersbourg par M. le conseiller d'État Louis Herbette et M. Albert Rivière (*Bulletin*, 1890, p. 362) ; et nous ajouterons simplement que l'intérêt de la société l'emporte sur l'intérêt des particuliers.

Société internationale de patronage.

À notre époque de scepticisme à outrance, il se produit un mou-vement général qu'il est intéressant de relater. Un besoin pousse les esprits cultivés au déploiement d'une activité morale plus in-tense, s'exerçant non plus au dedans, mais au dehors de l'individu, et s'efforçant de travailler à la réhabilitation des déshérités de la nature. Rendre meilleurs et plus heureux ceux qui souffrent, con-damnés ou abandonnés, telle peut être la devise de cette société universelle en fondation. Chacun met en pratique cette belle pensée de Térence :

Homo sum, et nihil humani a me alienum puto.

On est arrivé à se convaincre de l'exactitude de cette phrase de M. Maxime du Camp : « On peut affirmer d'une manière générale qu'il n'y a pas un mendiant qui soit digne d'intérêt. »

En un mot, ou a fini par comprendre qu'une différence énorme existait entre la charité qui fait l'aumône et la charité qui rend la justice. En effet, si la première dégrade celui qui, dans la misère, a le bonheur de recevoir, et enorgueillit celui qui donne, la se-conde, au contraire, le rend conscient de lui-même, lui donne la satisfaction du devoir accompli, et, surtout, elle réhabilite son sujet, elle lui fait entrevoir un monde meilleur que celui dans lequel il a vécu et lui permet d'espérer un avenir plus paisible, tout en l'engageant, avec sollicitude, à se repentir de son passé. De simple moyen qu'il était, l'homme devient alors un but.

Cet esprit de charité bien entendu a donné naissance aux œu-vres de patronage.

Malheureusement cette forme toute moderne de la philanthropie n'est arrivée jusqu'à aujourd'hui à se faire jour que dans les grandes villes où l'on n'a que l'embarras du choix pour la découverte d'éléments sérieux.

Beaucoup de nos départements sont encore dépourvus d'œuvres de ce genre ; les deux Savoies notamment n'en ont pas. Pourquoi ?

Le manque d'initiative privée et de bonnes volontés énergiques en sont la seule cause.

Le Français, par nature, n'a aucune notion du *self-government ;* il laisse, trop volontiers, aux corps constitués, le soin de s'occuper de l'intérêt public général ; sa personnalité, dans la *res publica*, ne joue pas un assez grand rôle ; il est, en outre, trop sûr de lui et de ses talents ; il considère trop facilement l'étranger comme lui étant inférieur. Enfin, tout en étant charitable par instinct, il a besoin d'être éduqué pour la mise en pratique de la charité.

Dans le fumier d'Ennius un vieux Romain a trouvé des perles ; nous estimons qu'actuellement nous pouvons, à notre tour, puiser de sages leçons dans ce qui se passe chez nos voisins.

Une société de patronage doit avoir un but général et s'occuper de tout individu qui, tôt ou tard, étant livré à lui-même, vivant dans un milieu malsain, n'aspirant qu'à donner libre cours à ses penchants mauvais, peut devenir un danger public. Elle doit s'intéresser à l'enfance matériellement ou *moralement abandonnée* aussi bien qu'aux expulsés et aux condamnés libérés.

Son but est donc triple :

a) Rechercher les moyens de prévention ;
b) Puis, de relèvement moral ;
c) Enfin, de préservation.

Elle doit, enfin, comme but subsidiaire, entrer en relations avec les diverses sociétés françaises et étrangères, et échanger avec elles les résultats obtenus par l'activité et l'expérience.

Notre vœu le plus cher serait de voir se constituer une *société internationale* de patronage, sur l'initiative, par exemple, du comité de Paris.

Des essais de ce genre ont déjà été faits, et ils ont donné les meilleurs résultats.

Vers 1888, une association intercantonale des sociétés et commissions suisses pour le patronage des détenus libérés a été créée. Elle est arrivée à faciliter le rapatriement et le placement des libérés. Ses organes sont :

a) Une commission intercantonale, composée des présidents des diverses sociétés, et représentant le corps législatif ;

b) Un comité central, nommé par la précédente, ou corps exécutif;

c) Les diverses sociétés suisses.

A la même époque, croyons-nous, une convention, à laquelle ultérieurement toutes les sociétés suisses de patronage ont adhéré, a été conclue entre « le Comité central de l'union des sociétés de patronage du grand duché de Bade et la Société de secours aux détenus libérés de Bâle.

Par ce système international, les institutions de patronage voient l'accomplissement de leur rôle singulièrement facilité :

a) Relations directes faisant bénéficier de l'expérience commune et des moyens d'action reconnus les plus efficaces de part et d'autre;

b) Renseignements particuliers et précis sur les patronnés;

c) Facilité de rapatriements;

d) Facilité de placements.

Tant que ce système ne sera pas adopté, les relations entre les diverses sociétés de France et de l'étranger seront extrêmement difficiles au point de vue de l'exécution des décisions prises ; bien plus, en matière d'expulsion, le patronage exercé par les sociétés étrangères sur leurs ressortissants est, pour ainsi dire impossible. Il en est de même à l'égard de la France. A titre d'exemple, qu'on nous permette de relater le cas suivant :

Les préfets des départements frontières ont le droit d'expulser, *proprio motu*, et sans en référer au ministère de l'intérieur, tout étranger non domicilié dans le pays, qui se trouve en état de vagabondage. Il en résulte que toute cette catégorie spéciale d'expulsés échappe au contrôle des sociétés françaises de patronage, et que ces malheureux passent la frontière sans ressources et dans un état de détresse souvent déplorable.

Dans une conférence internationale, tenue à Lausanne, Suisse, le 16 mai 1890, et où était présent M. Larnac, secrétaire du comité de libération conditionnelle au ministère de l'intérieur), ce dernier voulut bien accepter la mission d'envoyer aux directeurs des circonscriptions pénitentiaires des départements frontières des notices individuelles, afin que cette classe d'expulsés ainsi que celle des détenus non nationaux puissent être connues et recueillies comme les autres, en adressant ces notices aux comités étrangers de patronage, avertis du jour de l'arrivée des expulsés dans leur pays.

Ces notices contiennent le lieu d'origine, les aptitudes professionnelles, les antécédents et l'état civil du libéré.

Peu de directeurs de maisons centrales donnèrent suite à cette manière de faire, cependant bien rationnelle ; car, comment patronner un individu dont on ignore l'existence et l'arrivée dans son pays ?

Il s'agirait donc d'obtenir, sur la matière, une circulaire ministérielle tranchant la question, sinon l'œuvre sera bâtarde et ses résultats incomplets.

Un dernier mot : nous estimons que toutes les sociétés de patronage, qui demandent fort peu de chose à l'État, devraient être reconnues par décret, comme étant d'utilité publique ; elles devraient être autorisées à se constituer en personnes morales, ayant le droit d'acquérir, de recevoir et d'aliéner. Enfin, elles devraient avoir franchise postale, tout au moins sous le contreseing du parquet ou du juge de paix.

Par des démarches bien combinées, officiellement faites et réitérées, rien n'est impossible à l'intelligence et à l'énergie individuelles, sous l'influence de la liberté politique.

Telles sont les diverses questions que nous avons cru devoir soumettre au Congrès ; notre but unique est qu'elles soient de quelque utilité.

A Saint-Julien, Haute-Savoie, mai 1893.

Eug. Rey-Mury.

avocat, juge-suppléant près le tribunal de 1re instance.